Inhalt

Transportbranche unter Zugzwang

Kernthesen

Beitrag

Fallbeispiele

Weiterführende Literatur

Impressum

Transportbranche unter Zugzwang

I.Zeilhofer-Ficker

Kernthesen

- Die im Laufe des Jahres 2002 durchgeführte Delphi-Studie "Transportmarkt im Wandel" prognostiziert, wie sich nach Expertenmeinung die Rahmenbedingungen für den Transportmarkt in den nächsten 10 bis 15 Jahren entwickeln werden.
- Untersucht wurden die Entwicklung der Infrastruktur und der Technologien, Nachfragetrends, Marktstruktur, Strategien und Problembereiche. Die Transportbranche muss versuchen, sich diesen veränderten Rahmenbedingungen rechtzeitig anzupassen.
- Dem verstärkten Telematikeinsatz wird von

Experten eine Schlüsselrolle für die optimale Auslastung der vorhandenen Infrastrukturen eingeräumt.

Beitrag

Ein gut ausgebautes Verkehrssystem ist die Basis für funktionierende Volkswirtschaften rund um den Globus. Staus auf den Autobahnen, Verspätungen im Flugverkehr, unzureichende Verbindungen der Bahn - diese Probleme werfen die Frage auf, wohin sich der Transportmarkt entwickeln wird und auf welche Gegebenheiten sich der Entscheider in der Logistik- und Transportbranche einstellen muss.

Die Studie

Das Deutsche Verkehrsforum ließ deshalb von der Unternehmensberatung Wagener & Herbst, Potsdam, in Zusammenarbeit mit Prof. Dr. Rainer Lasch vom Lehrstuhl für Logistik an der TU Dresden eine Delphi-Studie durchführen, die als Informationsquelle für Zukunftsentscheidungen der Transport- und Logistikbranche dienen soll. Zweck der Untersuchung war, herauszufinden wie sich die Rahmenbedingungen für den Transportmarkt in der

Zukunft verändern werden. (1)

Bei der Delphi-Befragung werden anonym Expertenmeinungen eingeholt, ausgewertet sowie verdichtet und die Ergebnisse zu einer zweiten Runde zur qualitativen Prognose an die Experten zurückgegeben. An der Befragung zum "Transportmarkt im Wandel" nahmen 62 Logistikexperten aus den Bereichen Wirtschaft, Wissenschaft, IHK, Politik, Verbände und Behörden teil. Das Ergebnis wurde im Sommer 2002 veröffentlicht. (1)

Die Studie ergab, dass eine fortschreitende Konzentration des Transport- und Logistikmarktes zu erwarten ist, sowie die Entwicklung des Marktes von weiterer Globalisierung geprägt und von umfassenderer Kundenorientierung abhängig sein wird. (2)

Infrastruktur und technologische Entwicklung

Beförderung auf der Straße

Die gegenwärtigen Strukturbedingungen werden keine engpassfreie Infrastruktur ermöglichen. (1) Die Bedeutung des LKW zur Bewältigung des steigenden Bedarfs von Gütertransporten ist aber ungebrochen. In acht von zehn Fällen wird in Europa der LKW gewählt, um ein Gut von A nach B zu transportieren. Auch für die geplante Osterweiterung der EU wird der LKW eine wesentliche Rolle spielen. Deutschland wird als Transitland für die Transporte von West- nach Osteuropa einen Großteil des zu erwartenden Güterverkehrs zu bewältigen haben.

Trotz der anhaltenden Flaute der deutschen Konjunktur rechnen Fachleute mit steigendem Transportaufkommen auf der Straße. Insbesondere im Osteuropaverkehr werden schon weit vor dem offiziellen EU-Beitritt osteuropäischer Länder enorme Steigerungen erwartet. (3)

Staus verursachen pro Jahr in Deutschland einen volkswirtschaftlichen Schaden von 250 Millionen Euro. Obwohl im Jahr 33 Millionen Liter Sprit und 13 Millionen Stunden durch Stehen im Stau verloren gehen, sagt die Delphi-Studie aus, dass die Straßeninfrastruktur erst im Jahr 2011 an ihre Entwicklungsgrenzen stoßen wird. (4), (1) Vorgeschlagen wird die intensivere Nutzung der vorhandenen Kapazitäten, ein weiterer Ausbau wird für nicht so sinnvoll erachtet. Auch der privaten

Finanzierung von Ausbaumaßnahmen der Infrastruktur wird nicht sehr viel Erfolg vorhergesagt. (1)

Als überaus wichtig wird der vermehrte Einsatz von Telematiksystemen erachtet, deren heutige Möglichkeiten noch lange nicht ausgenutzt sind. Vom Staat wird der Aufbau einer adäquaten Telematikinfrastruktur gefordert. (2)

Weitere Innovationen für den Schwerlastverkehr wie beispielsweise Fahrerassistenz-Systeme, Fahrdynamikregelsysteme, elektronische Bremsanlagen, Navigationssysteme, Brennstoffzellen, Wasserstoffantrieb, aber auch passive Sicherheitssysteme wie Front-, Heck- und Seitenunterfahrschutz sind in der Erprobung bzw. Entwicklung und werden den Güterverkehr auf der Straße sicherer und umweltschonender machen. (1)

Schienen- bzw. Kombiverkehr

Der Schienengüterverkehr soll sich bis zum Jahr 2015 verdoppeln. Vor allem von der im Jahr 2003 kommenden LKW-Maut versprechen sich die deutschen Bahnen verbesserte Wettbewerbsbedingungen gegenüber der Straße. Der kombinierte Verkehr ist bereits jetzt das Produkt mit den höchsten Wachstumsraten. An Qualität und Pünktlichkeit muss aber noch verstärkt gearbeitet werden. Gefordert wird vordringlich der Bau von großen, leistungsfähigen Terminals nahe an den europäischen Ballungszentren, die ähnlich der Hubs der Fluggesellschaften als Gateways zu den Destinationen im In- und Ausland fungieren können.

Luftverkehr

Die Ergebnisse der Studie besagen, dass die Luftverkehrsinfrastruktur erst im Jahr 2012 an ihre Entwicklungsgrenzen stoßen wird. (1) Steigende Luftfracht-Mengen werden vor allem auf der Nordatlantik-Route und beim Verkehr nach Asien erwartet. (3)

Binnenschifffahrt

Die Infrastruktur im Bereich Binnenschifffahrt weist die größten Infrastruktur-Reserven auf. Auch noch über 2020 hinaus wird hier mit Entwicklungsspielraum gerechnet. Technische Innovationen sind aber kaum in Sicht. Damit läuft die Binnenschifffahrt Gefahr, ihre Kosten- und

Umweltvorteile gegenüber den anderen Verkehrsarten zu verlieren. (1), (2)

Ganz untätig ist man aber nicht: ein aktuelles Forschungsprojekt untersucht, wie durch moderne Steuerungsverfahren der Binnenschifffahrt die Warte- und Abwicklungszeiten verkürzt werden können. Erste Ergebnisse zeigen, dass durch das Konzept der virtuellen Blocksteuerung enorme Einsparungen sowohl der Fahr- als auch der Abwicklungszeiten erreicht werden können. Durch An- und Abfahrtszeiten nach Fahrplan ist eine Vernetzung mit anderen Verkehrsarten leichter zu verwirklichen. (5)

Nachfrageprognose

Die Experten schätzen die Anforderungen im Business-to-Consumer-Bereich so ein, dass die Endkunden zukünftig neben einem standardisierten Online-Zugang Lieferungen zu individuell bestimmbaren Zeiten erwarten werden. Der Selbstabholung an entsprechenden Sammelstellen wird dagegen keine Chance eingeräumt. (1), (2)

Im Industriebereich erwartet man eine Konzentration auf strategische Allianzen oder auf einen

Logistikanbieter, der die komplette logistische Abwicklung der Wertschöpfungskette für seinen Industriekunden sicher stellen kann. Dabei rechnet man damit, dass der Qualität in Zukunft der höchste Stellenwert eingeräumt werden wird. Qualitätsführer werden voraussichtlich höhere Preise erzielen können. Lieferantenbewertungssysteme (Rankings, Zertifizierungen usw.) werden für die Auswahl von Transport- und Logistikdienstleistern vermehrt herangezogen werden. (1), (2)

Es wird erwartet, dass Internet-Marktplätze nur für kurzfristige Aufträge für Standardleistungen eine Bedeutung haben werden. (2)

Marktstruktur

Eine weitere Konzentration auf eine geringe Anzahl von Anbietern von Transportdienstleistern unter der Führung von Post und Bahn ist zu erwarten, der Markt wird sich zu einem Oligopol entwickeln. Da es den vormals staatlichen Unternehmen aber an Kompetenz für beispielsweise Logistik, Marketing oder Kostenrechnung mangelt, werden sie versuchen, das nötige Know-how über Zukäufe von kleineren Marktteilnehmern zu erwerben. (1)

Kleineren Dienstleistern werden nur dann Marktchancen eingeräumt, wenn sie sich auf bestimmte Branchen oder Einzelkunden spezialisieren, sich auf Marktnischen konzentrieren und kooperations- bzw. netzwerkfähig werden. (2)

Strategien

Man geht davon aus, dass zukünftig die folgenden Geschäftsmodelle am Markt anzutreffen sein werden:
- Funktionale Spezialisten (Terminalbetreiber, reine Carrier)
- Branchenspezialisten
- Full-Service-Provider (Systemanbieter)

Die beste Ausgangsposition, Systemführer zu werden, scheinen hier Unternehmen zu haben, die bereits heute umfassende Komplett-Logistiklösungen anbieten, wie beispielsweise Logistikdienstleister, KEP-Dienstleister oder internationale Großspeditionen. Die Ausrichtung am Kundenwunsch und das umfassende Kundenmanagement werden in die Kernkompetenzen des Systemanbieters einfließen müssen. (1), (2)

Hauptprobleme

Das Fehlen von qualifiziertem Personal ist bereits heute ein Problem in der Branche. Dieses Problem wird sich voraussichtlich noch verstärken, da hochqualifizierte Mitarbeiter notwendig sind, um mit den Anforderungen der Globalisierung und Integration Schritt halten zu können. Als Hauptgründe für die geringe Attraktivität der Transport- und Logistikunternehmen als Arbeitgeber nennt die Studie:

- mangelnde Attraktivität der Branche als solche
- unzureichendes Personalmanagement
- fehlende Angebote für Aus- und Fortbildung. (1), (2)

Viel zu wenig genutzt werden momentan noch die Möglichkeiten der Telematik. Unter Umständen könnten durchschnittlich 8 Prozent des Bruttoumsatzes eingespart werden können, wenn die bereits existierenden Telematiklösungen umfassend genutzt werden. Deshalb wird der Staat auch aufgefordert, verstärkt in den Aufbau von Telematik-Infrastruktur zu investieren.

Fallbeispiele

Das Verkehrsaufkommen steigt weltweit unvermindert an. So kämpfen vor allem viele Großstädte und Ballungszentren rund um den Globus mit dem drohenden Verkehrsinfarkt. Verschiedene Systeme wurden entwickelt, um den Verkehrsproblemen Paroli zu bieten. In Singapur setzt man auf eine extreme Verteuerung des Individualverkehrs durch Steuern, Zulassungsgebühren und der City-Maut, in Kombination mit einem gut ausgebauten, kostengünstigen, öffentlichen Nahverkehrsnetz. (7)

In Athen dürfen an geraden Tagen nur Fahrzeuge mit geraden Zahlen auf dem Nummernschild, an ungeraden Tagen nur Fahrzeuge mit ungeraden Zahlen auf dem Nummernschild fahren. In den USA setzt man auf extra Fahrspuren für Fahrgemeinschaften zur Verminderung des Verkehrs. All diese Ansätze können aber nur relativ geringe Erfolge bei der Bewältigung der Verkehrsprobleme vorweisen. (7)

MAN bietet mit dem Telematik-System TeleMatics eine Lösung zur Steuerung und Optimierung des technischen und logistischen Fahrzeug- und Flottenmanagements an. Es kann zwischen vier verschiedenen Dienstleistungsangeboten gewählt werden. (8)

Die Daimler-Benz "FleetBoard" Frachtenbörse bietet Spediteuren die Möglichkeit, über die Ersteigerung von Frachten die Leerfahrten zu verringern. Zum angebotenen Service gehört auch die Funktion Sendungsverfolgung. Zusätzlich werden die Dienste Fahrzeugmanagement, Disposition und Mapping (Straßenkarten) angeboten. (9)

Combitour von der Firma IVU Technologies bietet ebenso alle Standard-Telematikmöglichkeiten (10) wie das Internet-basierte System WEBfleet. (11) Zur Prävention von Diebstahl ganzer LKW, aber auch der Ladung gibt es von Tri-Mex das Informations- und Kommunikationsnetzwerk Eurowatch.

Weiterführende Literatur

(1) Boecker, Eckhard, Delphi-Studie - Wandel im Transportmarkt, Logistik heute, Heft 10/2002, S. 28 - 29
aus Lebensmittel Zeitung 29 vom 19.07.2002 Seite 025

(2) http://www.verkehrsforum.de - Newsletter - NetInfo 2002/30
aus Lebensmittel Zeitung 29 vom 19.07.2002 Seite 025

(3) Experten rechnen mit stabilen Transportpreisen - Transportmarkt-Barometer: Mengenwachstum erwartet, DVZ, Nr. 107, 07.09.2002
aus Lebensmittel Zeitung 29 vom 19.07.2002 Seite 025

(4) Forschungsinitiative "Invent" - Bypass gegen den Verkehrsinfarkt, Spiegel Online, 16.08.2002
aus Lebensmittel Zeitung 29 vom 19.07.2002 Seite 025

(5) Neise, Rolf, Systemplanung - Rushhour an den Schleusen, Logistik heute, Heft 9/2002, S. 56 - 57
aus Lebensmittel Zeitung 29 vom 19.07.2002 Seite 025

(6) Fehst, Cornelius, IT in der Transportbranche/Intelligente Verkehrstelematik lässt auf sich warten - Transportunternehmen unter Druck, Computerwoche, 25.10.2002, Nr. 43, S. 38 - 39
aus Lebensmittel Zeitung 29 vom 19.07.2002 Seite 025

(7) Maut und Metros gegen den Verkehrsinfarkt
aus Frankfurter Allgemeine Sonntagszeitung, 13.10.2002, Nr. 41, S. 38

(8) Die Flotte im Griff - Zeit und Kosten sparen mit innovativen Fuhrparkmanagement-Systemen, Brauindustrie, Heft 9, 2002, S. 24
aus Frankfurter Allgemeine Sonntagszeitung, 13.10.2002, Nr. 41, S. 38

(9) Telematikgestützter Internetdienst mit attraktiven Frachtangeboten, Distribution, Heft 9, 2002, S. 13
aus Frankfurter Allgemeine Sonntagszeitung,

13.10.2002, Nr. 41, S. 38

(10) Entscheidender Faktor
aus ENTSORGA MAGAZIN Nr. 09 vom 10.09.2002
Seite 034

(11) Solarbetriebenes Telematiksystem, Distribution,
Heft 9, 2002, S. 16
aus ENTSORGA MAGAZIN Nr. 09 vom 10.09.2002
Seite 034

Impressum

Transportbranche unter Zugzwang

Bibliografische Information der deutschen Nationalbibliothek

Die Deutsche Nationalbibliothek verzeichnet diese Publikation in der deutschen Nationalbibliografie; detaillierte bibliografische Daten sind im Internet über http://dnb.d-nb.de abrufbar.

ISBN: 978-3-7379-0845-0

© 2015 GBI-Genios Deutsche Wirtschaftsdatenbank GmbH, Freischützstraße 96, 81927 München, www.genios.de

Alle Rechte vorbehalten. Dieses Werk ist einschließlich aller seiner Teile – z.B. Texte, Tabellen und Grafiken - urheberrechtlich geschützt. Jede Verwertung außerhalb der Grenzen des Urheberrechtsgesetzes bedarf der vorherigen Zustimmung des Verlags. Dies gilt insbesondere auch für auszugsweise Nachdrucke, fotomechanische Vervielfältigungen (Fotokopie/Mikroskopie), Übersetzungen, Auswertungen durch Datenbanken oder ähnliche Einrichtungen und die Einspeicherung und Verarbeitung in elektronischen Systemen.